Centre international d'études pédagogiques

Réussir le DELF

DELF
SCOLAIRE ET JUNIOR
guide pédagogique

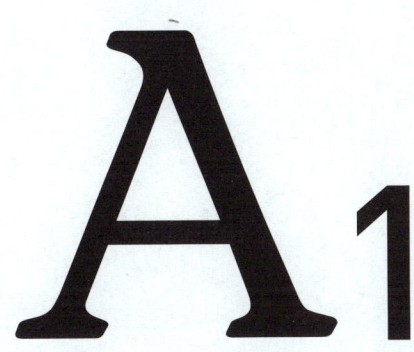

A1

Marjolaine Dupuy
Catherine Houssa

didier

Illustrations : Dom

Couverture : Solène Ollivier

Conception intérieur et mise en pages : Nelly Benoit

© Les Éditions Didier, Paris 2009   ISBN 978-2-278-06451-9   Imprimé en France

SOMMAIRE

Avant-propos

Les ouvrages de la collection « Réussir le DELF » sont rédigés et validés par la commission nationale du DELF et du DALF. Ils proposent un entraînement au format des épreuves des diplômes DELF.

Chaque année, près de 200 000 adolescents de 12 à 16 ans présentent les épreuves de l'un ou l'autre des diplômes DELF « junior » ou « scolaire », dans l'un des 164 pays qui organisent ces examens.

L'appellation « DELF scolaire » est réservée à un mode de passation régi par un accord entre le service de coopération et d'action culturelle de l'ambassade de France et les autorités éducatives locales. Les ministères en charge de l'éducation de 31 pays ont ainsi choisi d'intégrer le DELF au cursus scolaire secondaire.

En France, le DELF scolaire est organisé à l'intention des enfants nouvellement arrivés.

L'appellation « DELF junior » est réservée à un mode de passation libre, dans un centre d'examen dispensant des cours de français (Institut et centre culturel français, Alliance française, ...). 93 pays proposent aujourd'hui des cours de français menant à la passation d'un DELF junior.

Le DELF scolaire et junior est constitué de 4 diplômes indépendants les uns des autres correspondant aux 4 premiers niveaux du *Cadre européen commun de référence pour les langues* (CECRL) :

2 h 30	DELF junior et scolaire B2	Indépendant
1 h 45	DELF junior et scolaire B1	
1 h 40	DELF junior et scolaire A2	Élémentaire
1 h 20	DELF junior et scolaire A1	

Chaque diplôme évalue les 4 compétences : compréhension et production orales, compréhension et production écrites. L'obtention de la moyenne (50 points sur 100) à l'ensemble des épreuves permet la délivrance du diplôme correspondant.

La commission nationale du DELF et du DALF vous souhaite une bonne lecture, un bon entraînement et une bonne réussite au(x) diplôme(s) DELF que vous présenterez.

Christine TAGLIANTE
Responsable du Pôle évaluation et certifications
CIEP - Sèvres

DESCRIPTEURS A1 DU CADRE EUROPÉEN COMMUN DE RÉFÉRENCE POUR LES LANGUES (CECRL)

Le niveau A1 spécifie un niveau initial, celui de l'utilisateur élémentaire, dit introductif ou de découverte. L'apprenant à ce niveau « peut comprendre et utiliser des expressions familières et quotidiennes ainsi que des énoncés très simples visant à satisfaire des besoins concrets. Il peut se présenter ou présenter quelqu'un et poser à une personne des questions la concernant, par exemple sur son lieu d'habitation, ses relations, ce qui lui appartient, etc. et peut répondre au même type de questions. Il peut communiquer de façon simple si l'interlocuteur parle lentement, distinctement et se montre coopératif ».

Les auteurs du Référentiel pour le français estiment à 700/800 mots le répertoire lexical pour les notions spécifiques et à 250 celui des fonctions générales.

Ils nous disent également que « l'apprenant au niveau A1 n'est pas en mesure de gérer convenablement les relations sociales de base, et s'il peut participer avec une certaine efficacité à un échange il ne peut pas encore véritablement organiser, structurer ou adapter son message en fonction de la situation et des acteurs sociaux en présence [...]. Il ne dispose pas de moyens linguistiques suffisants pour gérer la communication (surtout si elle est interactive et en temps réel) mais il ne peut s'y impliquer que ponctuellement et de manière non suivie ».

ACTIVITÉS DE COMMUNICATION LANGAGIÈRE ET STRATÉGIES

Activités de production et stratégies

PRODUCTION ORALE GÉNÉRALE	Peut produire des expressions simples isolées sur les gens et les choses.
monologue suivi : décrire l'expérience	Peut se décrire, décrire ce qu'il/elle fait, ainsi que son lieu d'habitation.
monologue suivi : argumenter (par exemple, lors d'un débat)	Pas de descripteur disponible.
faire des annonces publiques	Pas de descripteur disponible.
s'adresser à un auditoire	Peut lire un texte très bref et répété, par exemple pour présenter un conférencier, proposer un toast.

PRODUCTION ÉCRITE GÉNÉRALE	Peut écrire des expressions et phrases simples isolées.
écriture créative	Peut écrire des phrases et des expressions simples sur lui/elle-même et des personnages imaginaires, où ils vivent et ce qu'ils font.
essais et rapports	Pas de descripteur disponible.

Activités de réception et stratégies

COMPRÉHENSION GÉNÉRALE DE L'ORAL	Peut comprendre une intervention si elle est lente et soigneusement articulée et comprend de longues pauses qui permettent d'en assimiler le sens.
comprendre une interaction entre locuteurs natifs	Pas de descripteur disponible.
comprendre en tant qu'auditeur	Pas de descripteur disponible.
comprendre des annonces et instructions orales	Peut comprendre des instructions qui lui sont adressées lentement et avec soin et suivre des directives courtes et simples.
comprendre des émissions de radio et des enregistrements	Pas de descripteur disponible.
comprendre des émissions de télévision et des films	Pas de descripteur disponible.

COMPRÉHENSION GÉNÉRALE DE L'ÉCRIT	Peut comprendre des textes très courts et très simples, phrase par phrase, en relevant des noms, des mots familiers et des expressions très élémentaires et en relisant si nécessaire.
comprendre la correspondance	Peut comprendre des messages simples et brefs sur une carte postale.
lire pour s'orienter	Peut reconnaître les noms, les mots et les expressions les plus courants dans les situations ordinaires de la vie quotidienne.
lire pour s'informer et discuter	Peut se faire une idée du contenu d'un texte informatif assez simple, surtout s'il est accompagné d'un document visuel.
lire des instructions	Peut suivre des indications brèves et simples (par exemple pour aller d'un point à un autre).

Stratégies pour la compréhension :

reconnaître des indices et faire des déductions (oral et écrit)	Pas de descripteur disponible.

Activités d'interaction et stratégies

INTERACTION ORALE GÉNÉRALE	Peut interagir de façon simple, mais la communication dépend totalement de la répétition avec un débit plus lent, de la reformulation et des corrections. Peut répondre à des questions simples et en poser, réagir à des affirmations simples et en émettre dans le domaine des besoins immédiats ou sur des sujets très familiers.
comprendre un locuteur natif	Peut comprendre des expressions quotidiennes pour satisfaire des besoins simples de type concret si elles sont répétées, formulées directement, lentement et clairement par un interlocuteur compréhensif. Peut comprendre des questions et des instructions qui lui sont adressées lentement et avec soin et suivre des consignes simples et brèves.
conversation	Peut présenter quelqu'un et utiliser des expressions élémentaires de salutation et de congé. Peut demander à quelqu'un de ses nouvelles et y réagir. Peut comprendre des expressions quotidiennes pour satisfaire à des besoins simples de type concret si elles sont répétées, formulées directement, clairement et lentement par un interlocuteur compréhensif.
discussion informelle (entre amis)	Pas de descripteur disponible.
discussions et réunions formelles	Pas de descripteur disponible.
coopération à visée fonctionnelle (par exemple, réparer une voiture, discuter un document, organiser quelque chose)	Peut comprendre les questions et instructions formulées lentement et soigneusement, ainsi que des indications brèves et simples. Peut demander des objets à autrui et lui en donner.
obtenir des biens et des services	Peut demander quelque chose à quelqu'un ou le lui donner. Peut se débrouiller avec les nombres, les quantités, l'argent et l'heure.

échange d'informations	Peut comprendre des questions et des instructions qui lui sont adressées lentement et avec soin et suivre des instructions simples et brèves. Peut répondre à des questions simples et en poser ; peut réagir à des déclarations simples et en faire, dans des cas de nécessité immédiate ou sur des sujets très familiers. Peut poser des questions personnelles, par exemple sur le lieu d'habitation, les personnes fréquentées et les biens, et répondre au même type de questions. Peut parler du temps avec des expressions telles que *la semaine prochaine, vendredi dernier, en novembre, à 3 heures*.
interviewer et être interviewé (l'entretien)	Peut répondre dans un entretien à des questions personnelles posées très lentement et clairement dans une langue directe et non idiomatique.

INTERACTION ÉCRITE GÉNÉRALE	Peut demander ou transmettre par écrit des renseignements personnels détaillés.
correspondance	Peut écrire une carte postale simple et brève.
notes, messages et formulaires	Peut écrire chiffres et dates, nom, nationalité, adresse, âge, date de naissance ou d'arrivée dans le pays, etc. sur une fiche d'hôtel par exemple.

Activités de médiation et stratégies : pas de descripteurs disponibles

LE TEXTE

prendre des notes (conférences, séminaires, etc.)	Pas de descripteur disponible.
traiter un texte	Peut copier des textes courts en script ou en écriture lisible. Peut copier des mots isolés et des textes courts imprimés normalement.

COMPÉTENCES COMMUNICATIVES LANGAGIÈRES

Compétences linguistiques

ÉTENDUE LINGUISTIQUE GÉNÉRALE	Possède un choix élémentaire d'expressions simples pour les informations sur soi et les besoins de type courant.
étendue du vocabulaire	Possède un répertoire élémentaire de mots isolés et d'expressions relatifs à des situations concrètes particulières.
maîtrise du vocabulaire	Pas de descripteur disponible.
correction grammaticale	A un contrôle limité de structures syntaxiques et de formes grammaticales simples appartenant à un répertoire mémorisé.
maîtrise du système phonologique	La prononciation d'un répertoire très limité d'expressions et de mots mémorisés est compréhensible avec quelque effort pour un locuteur natif habitué aux locuteurs du groupe linguistique de l'apprenant/utilisateur.
maîtrise de l'orthographe	Peut copier de courtes expressions et des mots familiers, par exemple des signaux ou consignes simples, le nom des objets quotidiens, le nom des magasins et un ensemble d'expressions utilisées régulièrement. Peut épeler son adresse, sa nationalité et d'autres informations personnelles de ce type.

Compétence sociolinguistique

correction sociolinguistique	Peut établir un contact social de base en utilisant les formes de politesse les plus élémentaires ; accueil et prise de congé, présentations et dire « merci », « s'il vous plaît », « excusez-moi », etc.

Compétence pragmatique

souplesse	Pas de descripteur disponible.
développement thématique	Pas de descripteur disponible.
cohérence et cohésion	Peut relier des groupes de mots avec des connecteurs élémentaires tels que *et* ou *alors*.
aisance à l'oral	Peut se débrouiller avec des énoncés très courts, isolés, généralement stéréotypés, avec de nombreuses pauses pour chercher ses mots, pour prononcer les moins familiers et pour remédier à la communication.
précision	Pas de descripteur disponible.

Stratégies pour la production :

planification	Pas de descripteur disponible.
compensation	Pas de descripteur disponible.
contrôle et correction	Pas de descripteur disponible.

Stratégies pour l'interaction :

tours de parole	Pas de descripteur disponible.
coopérer	Pas de descripteur disponible.
faire clarifier	Pas de descripteur disponible.

TRANSCRIPTIONS CORRIGÉS

Activités complémentaires

 **REPÉRAGE**

Qu'est-ce qu'une activité de compréhension orale ?

Exemple → p. 8

TRANSCRIPTIONS

Vous êtes en relation avec le répondeur de la piscine municipale de Toulon. Pour connaître les heures d'ouverture ou pour une inscription, composez le 03 90 01 45 20. Pour tout autre renseignement, un employé va vous répondre dans quelques instants.

L'objectif des activités guidées, toutes compétences confondues, est de familiariser les élèves avec le type d'exercice ou de question auquel ils peuvent être confrontés à l'examen, en leur donnant des pistes pour mieux les appréhender : lecture de la consigne et des questions, relevé d'indices, identification des mots clés, etc. Les réponses sont données directement dans le livre de l'élève afin que celui-ci puisse suivre le raisonnement en totalité : de la découverte de la consigne à la réponse correcte, obtenue grâce aux indices soulignés par le guidage.

→ Repérer des informations chiffrées

Afin de bien préparer les élèves aux questions sur les informations chiffrées, il est recommandé de leur faire revoir régulièrement les nombres. Les méthodes de FLE contiennent normalement des tableaux récapitulatifs et parfois même des enregistrements, afin de familiariser les élèves avec la prononciation des chiffres.

De nombreuses activités de classe, la plupart ludiques, peuvent être utilisées pour revoir les nombres avec le groupe-classe :
- dictées ;
- séries de nombres à compléter à l'oral ;
- petites opérations simples de calcul ;
- compétition au tableau (les nombres dictés doivent être entourés le plus vite possible par une des deux équipes en lice, chacune des équipes disposant d'une couleur différente ; l'équipe gagnante est celle qui aura entouré le plus de nombres à la fin du jeu) ;
- énigmes simples dont la solution est une date importante, liée par exemple à l'histoire du pays des élèves ;
- etc.

Commençons... → p. 9

CORRIGÉ :

A	B	C	D	E	F	G
80	115	57	89	71	72	70

Continuons... → p. 9

CORRIGÉ :

a. 43 - **b.** 69 - **c.** 94 - **d.** 512 - **e.** 488 - **f.** 953 - **g.** 6 547

Maintenant... → p. 9

Situation 1

> **TRANSCRIPTIONS**
>
> – Lisa, tu veux venir chez moi samedi après-midi ?
> – Non, je ne peux pas, c'est l'anniversaire de ma grand-mère !
> – Elle a quel âge ?
> – 78 ans.

> **CORRIGÉ :** Elle a 78 ans.

Situation 2

> **TRANSCRIPTIONS**
>
> Coucou, c'est Rebecca. J'appelle pour vous dire que j'arrive à 18 h 30 samedi soir. Attendez-moi à la gare !

> **CORRIGÉ :** Elle arrive à 18 h 30.

→ Repérez des sons et des lettres

Quel est le bon nom ? → p. 10

> **CORRIGÉ :**
>
> | A | B | C | D | E |
> |---|---|---|---|---|
> | 1. Marin | 2. Tavoud | 1. Vuret | 2. Dolmette | 2. Prassi |

De quelle rue parle-t-on ? → p. 10

> **TRANSCRIPTIONS**
>
> – Allô, Papa ? Je suis chez mon copain Rémi et je ne peux pas rentrer, il n'y a plus de bus. Tu peux venir me chercher ?
> – Bon d'accord. C'est quelle rue ?
> – Tu sais bien, c'est la rue de Bourges.
> – Comment tu dis ? Le nom c'est ?
> – Bourges, B–O-U-R-G-E-S. Merci Papa.

> **CORRIGÉ :** Bourges.

L'intonation → p. 10

> **TRANSCRIPTIONS**
>
> 1. Vous parlez français ?
> 2. Il ne comprend pas.
> 3. Tu habites ici ?
> 4. C'est difficile.
> 5. Il s'appelle Victor.

> **CORRIGÉ :** 1. ? - 2. ↗ - 3. ? - 4. ↘ - 5. ↘

2 COMPRENDRE UNE ANNONCE

→ Activité guidée → p. 11

TRANSCRIPTIONS

La piscine est ouverte de 10 heures à 20 heures du lundi au vendredi et de 9 heures à 18 heures le samedi et le dimanche. Fermeture exceptionnelle dimanche 30 septembre pour raisons techniques.

CORRIGÉ :

1. La piscine ouvre à 10 h 00.
2. La piscine est fermée le dimanche 30 septembre.

→ À vous !

1. Dans des lieux publics

Activité 1 → p. 12

TRANSCRIPTIONS

Le train 4807 en provenance de Montpellier et à destination de Paris gare de Lyon va entrer en gare voie G. Éloignez-vous de la bordure du quai.

CORRIGÉ :

1. Numéro du train : 4807.
2. Le train vient de Montpellier.
3. En voie G.

Activité 2 → p. 12

TRANSCRIPTIONS

Mesdames et messieurs, pendant 20 minutes au rayon multimédia, offre exceptionnelle sur les CD : pour 2 disques achetés, un troisième gratuit ! Rendez-vous vite au 4e étage !

CORRIGÉ :

1. La promotion dure 20 minutes. - 2. Les CD : A.
3. Au 4e étage.

2. Sur répondeur

Activité 3 → p. 13

TRANSCRIPTIONS

Bonjour, vous êtes bien à l'école de musique. Nous vous proposons différents cours : piano, violon, guitare et batterie. Les cours commencent dès le mois d'octobre et durent 1 heure. Pour les inscriptions : se présenter au secrétariat de l'école de musique du mardi au samedi de 9 heures à 12 heures et de 14 heures à 17 heures.

CORRIGÉ :

1. Le violon. - 2. Vous déplacer.

Activité 4 → p. 13

TRANSCRIPTIONS

Bonjour, ici Madame David. Je voudrais savoir si vous pouvez garder mon fils jeudi soir. Mon mari est en voyage jusqu'à dimanche, et j'ai un dîner de travail très important. Pouvez-vous me rappeler au 06 88 35 27 65 ? Merci, à bientôt.

CORRIGÉ :

1. Jeudi. - 2. 06 88 35 27 65.

Activité 5 → p. 13

Salut, c'est Thomas. Je ne peux pas aller au lycée, je suis malade. Est-ce que tu peux venir chez moi mercredi après-midi pour m'expliquer les exercices de maths ? Et tu me donnes les devoirs à faire ? Après, on pourrait jouer à un jeu vidéo ! Allez, salut, rappelle-moi !

CORRIGÉ :

1. à la maison. - **2.** de mathématiques. - **3.** jouer à un jeu vidéo.

3. À la radio

Activité 6 → p. 14

Samedi et dimanche, c'est le Salon des jeux vidéo au parc des expositions de Versailles ! Venez essayer les dernières nouveautés, rencontrer les créateurs de vos héros préférés, acheter et vendre vos jeux ! Participez aussi à notre grand concours de dessin et gagnez des dizaines de cadeaux ! Venez vite, l'entrée est gratuite !

CORRIGÉ :

1. Le Salon des jeux vidéo a lieu les samedi et dimanche. - **2.** Un concours de dessin : **A.**

Activité 7 → p. 14

Tu ne veux plus de mauvaises notes ? Tu veux réviser avec des profs sympas et efficaces ? Appelle École Plus : des cours particuliers, dans toutes les matières, de la 6e à la terminale, à des prix intéressants ! Et en cadeau pour les 20 premiers inscrits : un dictionnaire ! Viens vite nous voir au 10, place Bellecourt !

CORRIGÉ :

1. des cours. - **2.** Un dictionnaire : **B.** - **3.** aller chez « École Plus ».

3 COMPRENDRE DES DIALOGUES ET DES SITUATIONS

Attention, pour les exercices demandant d'associer un dialogue à une image, il y a toujours une image supplémentaire. (Pour 5 dialogues ou 5 situations, 6 images sont proposées).

→ **Activité guidée** → p. 15

Dialogue 1
- Tu sais que le groupe Zelta joue ce soir à l'auditorium ?
- Bien sûr et si tu veux, on y va, je connais bien le chanteur, j'ai des places facilement.
- Ouah ! c'est super, j'adore ce groupe.

Dialogue 2
- Tu sais ce qui est arrivé à Julien ?
- Non, raconte.
- Eh bien, il est resté bloqué dans l'aéroport avec ses parents et sa sœur pendant 12 heures.

Dialogue 3
- Je vais voir Sébastien au stade.

- Ah, il a une compétition ?
- Oui et je suis sûr qu'il va gagner !

Dialogue 4
- Tu as fini ton exposé pour lundi ?
- Non, pas encore mais je vais à la bibliothèque cet après-midi pour trouver des articles.
- Tu as raison, y a beaucoup de documents et même des vidéos.

Dialogue 5
- Ce matin, j'ai vu Annie chez le médecin.
- Ah bon, qu'est-ce qu'elle faisait ?
- Elle attendait sa petite sœur dans la salle d'attente.

CORRIGÉ :

Dialogue 1	Dialogue 2	Dialogue 3	Dialogue 4	Dialogue 5
D	C	F	A	E

→ **Faisons un essai !** → p. 16

TRANSCRIPTIONS

– Eh, vous là-bas, descendez du vélo.
– Ah bon ? Pourquoi, c'est interdit ?

– Oui, c'est écrit à l'entrée du jardin.
– Excusez-moi, je n'ai pas vu le panneau.

CORRIGÉ : Le vélo est interdit dans les jardins : image 1.

→ **À vous !**

1. Associer une image et un dialogue

Activité 8 → p. 17

TRANSCRIPTIONS

Dialogue 1
– Oh ! Regarde, un joueur est blessé.
– Oui, il est allongé et il a mal à la jambe.
– Non, je crois que c'est le genou.

Dialogue 2
– Excusez-moi mais la caisse est fermée.
– Ah non, ce n'est pas vrai ! Ça fait 10 minutes que je fais la queue !
– Désolée, il y a d'autres caisses au fond du magasin.

Dialogue 3
– Allez, allez ! Venez voir mes salades. Elles sont fraîches.

– C'est combien une laitue ?
– 2 euros 80 mais je vous fais les 3 pour 6 euros seulement.

Dialogue 4
– Le directeur est bien habillé aujourd'hui.
– Eh oui, il attend l'inspecteur.
– Ah oui, c'est vrai, il a rendez-vous dans son bureau.

Dialogue 5
– Allô, Marc, ne m'attends pas, la rue est bloquée.
– Pourquoi, il y a un accident ?
– Non, mais il y a le feu tout en haut d'un immeuble et il y a des camions de pompiers partout.

CORRIGÉ :

Dialogue 1	Dialogue 2	Dialogue 3	Dialogue 4	Dialogue 5
D	C	F	E	A

Activité 9 → p. 18

TRANSCRIPTIONS

Dialogue 1
– Eh, vous là-bas ! Vous ne voyez pas que le feu est vert pour les voitures ?
– Oh ! Excusez-moi, monsieur l'agent.
– Oui, eh bien, pensez à regarder le signal. Quand on traverse, il faut faire attention.

Dialogue 2
– Aujourd'hui, je fais une expérience en chimie avec mes élèves.
– Et tu leur donnes tous ces tubes ? C'est dangereux !
– Mais non !

Dialogue 3

– Attention, dernier appel pour les passagers du vol 857 pour Madrid : départ à 12 h 50 porte B.

– Tu entends ? C'est la porte B et pas la porte C.

– Oui, dépêche-toi, on va le rater.

Dialogue 4

– Marc, redonne le ballon à la petite fille.

– Non, elle ne veut pas jouer avec moi.

– Écoute, donne-lui son ballon, on rentre à la maison.

Dialogue 5

– Tu l'aimes bien toi la nouvelle surveillante ?

– Oh oui ! Je la trouve trop belle avec sa jupe à carreaux.

– Moi, je n'aime pas ses lunettes.

CORRIGÉ :

Dialogue 1	Dialogue 2	Dialogue 3	Dialogue 4	Dialogue 5
F	A	C	E	B

2. Comprendre de courts dialogues

Il s'agit pour cet exercice de réaliser deux tâches. La première consiste à établir le rapport entre la situation et la question posée. La seconde consiste à trouver la réponse correcte parmi les quatre réponses proposées.

Il est important d'attirer l'attention des élèves sur la nécessité de prendre connaissance de l'information à rechercher selon la situation. Dans chaque dialogue, un ou plusieurs mots permettent de trouver la réponse correcte.

Par exemple dans l'activité 10, ci-dessous :
- pour la situation 1 : *docteur, température* ;
- pour la situation 2 : *examen, ranger vos affaires, récréation* ;
- pour la situation 3 : *danser, ballet* ;
- pour la situation 4 : *champion, olympique, judo* ;
- pour la situation 5 : *CD, chanteur*.

Les élèves répondent après la première écoute de chaque dialogue puis vérifient l'exactitude de la réponse à la seconde écoute.

Activité 10 → p. 19

TRANSCRIPTIONS

Situation 1

– Alors, qu'est-ce qui t'arrive, Benjamin ? Tu as mal à la tête ?

– Oui, docteur. Et j'ai froid, et après j'ai chaud.

– Je vais prendre ta température, ça ressemble à une grippe !

Situation 2

– L'examen de français est fini, vous pouvez ranger vos affaires et aller en récréation.

Situation 3

– Qu'est-ce que tu fais samedi prochain ?

– Je vais aller à un spectacle, ma sœur va danser avec son école de ballet.

– C'est génial, est-ce que je peux venir ?

Situation 4

– Mesdames et messieurs, en exclusivité pour vous ce soir dans notre émission Star à domicile, voici notre dernier champion olympique de judo. On l'applaudit bien fort !

Situation 5

– Joyeux anniversaire, Julie ! Voici mon cadeau...

– Ah super ! Un CD de Bénabar ! Merci, c'est mon chanteur préféré !

CORRIGÉ :

Situation 1 : Un médecin. - **Situation 2** : À l'école. - **Situation 3** : D'un spectacle de danse. - **Situation 4** : D'un sportif. - **Situation 5** : D'un disque.

Activité 11 → p. 19

TRANSCRIPTIONS

Situation 1

– Les enfants, nous recevons aujourd'hui Mme Grandet, qui va vous parler de son métier : elle est bibliothécaire.

– Oui, et j'adore mon métier... et les livres, bien sûr !

Situation 2

– Le centre de documentation ferme dans 20 minutes. Merci de vous présenter dès maintenant à l'accueil avec votre carte de lecteur pour emprunter vos livres.

Situation 3

– Ah, enfin, les cours sont finis !

– Oui, génial ! Je vais passer les vacances de Noël au ski, et toi ?

– Moi, je vais chez ma tante dans les Landes, on va bien s'amuser avec mes cousins !

Situation 4

– Mademoiselle, bonjour, contrôle des titres de transport.

– Voilà.

– Vous avez un abonnement étudiant : votre carte de l'université, s'il vous plaît.

Situation 5

– Bonjour, je suis votre guide. Commençons notre visite par la salle des Antiquités. À droite, voici une statue magnifique du Ve siècle...

CORRIGÉ :

Situation 1 : D'une profession.

Situation 2 : À la bibliothèque.

Situation 3 : Des vacances.

Situation 4 : Une carte d'étudiant.

Situation 5 : Au musée.

4 COMPRENDRE UN DIALOGUE

→ Activité guidée → p. 20

TRANSCRIPTIONS

– Salut, c'est Théo. Dis, Karine, tu viens à la piscine avec nous cet après-midi ? Il y a ma sœur et son copain.

– C'est une bonne idée mais à quelle heure ? Je dois finir mes devoirs avant jeudi et on est déjà mercredi midi !

– Rendez-vous à 15 h dans le hall ?

– D'accord, c'est super.

CORRIGÉ :

1. Théo.

2. L'après-midi. (Il est évident que « le mercredi » est logique, même si ce n'est pas la réponse attendue).

3. Dans le hall de la piscine.

→ À vous !

Activité 12 → p. 21

TRANSCRIPTIONS

– Bonjour monsieur, je suis Jérémie, je viens pour la place de livreur.

– Bonjour, jeune homme. Vous connaissez bien la ville ? Il faut que les pizzas arrivent le plus vite possible.

– Je fais du vélo depuis longtemps et je connais toutes les rues.

– Bon, eh bien, on est lundi, vous pouvez commencer demain.

– Merci, monsieur.

CORRIGÉ :

1. Un employeur. - **2.** Un travail. - **3.** Apporter des pizzas.

Activité 13 → p. 21

TRANSCRIPTIONS

– Dites jeune homme, vous pouvez baisser le son de votre musique s'il vous plaît ! C'est trop fort !

– Quoi ? Qu'est-ce qu'il y a ?

– Je vous demande de baisser votre musique, vous êtes sourd ?

– Ah oui, oui, excusez-moi, je croyais qu'on n'entendait pas.

– Eh bien, je peux vous dire que si, tout l'autobus l'entend !

CORRIGÉ :

1. Une vieille dame et un jeune homme.

2. Le volume de la musique.

3. Dans le bus.

1 REPÉRAGE

→ Repérer les types de documents → p. 25

CORRIGÉ :

B : un courriel. / **C** : une carte postale. / **D** : un panneau d'affichage. /
E : un ticket. / **F** : une affiche. / **G** : un programme de cinéma. /
H : une note manuscrite.

→ Repérer des informations

Commençons... → p. 26

CORRIGÉ :

Salut,

Comment ça va ? Je rentre de vacances demain soir, j'ai beaucoup de choses à te raconter ! Et j'ai aussi un petit souvenir pour toi ! On peut se voir mercredi ?

Réponds-moi vite. Gros bisous, et à très bientôt, j'espère !

Fred

Monsieur,

Vous êtes inscrit au DELF A1 pour la session de mai 2009. Veuillez trouver ci-dessous vos dates d'examen :
– épreuves collectives :
lundi 12 septembre à 9 h 30 ;
– épreuve orale individuelle :
lundi 12 septembre à 11 heures.

Sincères salutations,

Le chef de centre DELF-DALF

CORRIGÉ :

Bastia, le 10 juillet 2009,

Coucou Olivia,

Je suis en vacances en France et c'est super.
Comment **vas-tu** ?
Ici, il fait beau et je m'amuse beaucoup.
Je pense beaucoup **à toi**.

Bisous.

Élisabeth

Bastia, le 10 juillet 2009,

Cher monsieur,

Je suis en vacances en France et c'est formidable.
J'espère que **vous allez bien**.
Ici, il fait beau et je m'amuse beaucoup.
Je vous envoie une photo de la plage.

À bientôt.

Élisabeth

Pistes pédagogiques complémentaires pour les activités de la page 26 :

- révision du tutoiement et du vouvoiement ;
- formules de politesse : demander aux élèves de faire la liste des formules, familières et formelles, qu'ils connaissent, et spécifier dans quelle situation ils peuvent les utiliser ;
- registre standard/formel : rappeler les spécificités et différences de ces deux registres et dans quel contexte on peut les employer.

2 LIRE POUR S'ORIENTER

→ À vous !

Activité 1 → p. 27

CORRIGÉ :

	Lettre
1. passer à la boulangerie, rue du Chemin vert.	F
2. regarder les dernières consoles de jeux, rue du Lac.	A
3. dire bonjour à ses copains au jardin public.	G
4. retrouver Matéo au supermarché, rue Moulin.	C

Activité 2 → pp. 28-29

CORRIGÉ :
1. le soir. - **2.** Canal +. - **3.** À 20 h 35.

Activité 3 → p. 29

CORRIGÉ :
1. C'est le concert de Revolver.
2. Il commence à 19 h 30.
3. L'entrée coûte 14,70 euros.

Activité 4 → p. 30

CORRIGÉ :
1. À 19 h 45. - **2.** Voiture 7. - **3.** TGV 8205. - **4.** 28,80 euros.

Le billet de train fait référence à la « carte 12-25 ». C'est une carte personnelle, payante (49 € par an), réservée aux jeunes entre 12 et 25 ans et qui leur permet d'avoir des réductions dans tous les trains (de 25 à 60 % de réduction selon la période du voyage).

3 LIRE DES INSTRUCTIONS

→ À vous

Activité 5 → p. 32

CORRIGÉ :

	Vrai	Faux
1. Je transporte le blessé.		X
2. Je protège le blessé du froid.	X	
3. Je téléphone aux services de secours.	X	
4. Je donne à boire au blessé.		X

Activité 6 → pp. 32-33

> **CORRIGÉ :**
>
> **1.** le temps qu'il va faire. - **2.** regarder son chemin sur une carte. - **3.** partir avec d'autres personnes.

Activité 7 → p. 33

> **CORRIGÉ :**
>
> **1.** 4 joueurs. - **2.** avancer jusqu'à la case 63. - **3.** Un texte. (La réponse « un numéro » est plausible, mais implicite ; or au niveau A1, les questions portent sur du repérage direct.)

Activité 8 → p. 34

> **CORRIGÉ :**
>
> **1.** 6 cartes. - **2.** Faire des familles de cartes. - **3.** On a plus de familles que les autres.

4 LIRE POUR S'INFORMER

→ À vous !

Activité 9 → p. 37

> **CORRIGÉ :**
>
> **1.** une publicité. - **2.** découvrir l'université. - **3.** à Paris.

Activité 10 → pp. 37-38

> **CORRIGÉ :**
>
> **1.** Au 04 89 64 76 33. - **2.** 20, rue du Moulin. - **3.** Dans la librairie principale.

Activité 11 → p. 38

> **CORRIGÉ :**
>
> **1.** une compétition de mathématiques. - **2.** Il faut s'inscrire à l'école. - **3.** sur Internet. - **4.** par une association.

5 LIRE UNE CORRESPONDANCE

→ À vous !

Activité 12 → pp. 40-41

> CORRIGÉ :
> **1.** Audrey. - **2.** Il fait beau : **A**. - **3.** du bateau : **B**.

Activité 13 → pp. 41-42

> CORRIGÉ :
> **1ʳᵉ partie :**
> **A** : N° 2. - **B** : N° 4. - **C** : N° 1. - **D** : N° 3.
> **2ᵉ partie :**
> **1.** Le réparateur répare la machine. - **2.** Attendre le réparateur. - **3.** De l'argent.

Activité 14 → p. 42

> CORRIGÉ :
> **1.** Un professeur. - **2.** féliciter. - **3.** Un cadeau.

Activité 15 → p. 43

> CORRIGÉ :
> **1.** une fête. - **2.** de la natation. - **3.** Du jus d'orange : **C** et des CD : **D**.

1 REMPLIR UN FORMULAIRE

→ Repérage

Commençons... → p. 47

Piste d'exploitation pédagogique :
La rubrique « Nationalité » peut donner l'occasion de réviser les accords des adjectifs au masculin et au féminin.

Maintenant... → p. 48

CORRIGÉ :

CINÉ-CLUB « Écran noir »

NOM : POLLET   Prénom : Eric

Âge : **13 ans**   Classe : **4ᵉ A**

Types de films préférés (2) :
- **policiers**
- **comiques**

Jour de la semaine : **mercredi**

Horaire : **16 h-17 h 30**

ELLA Habillement

NOM : DUPARC   Prénom : SAMIA

Adresse de livraison :

5, rue des Moulins 44000 Nantes

Couleur de l'article : **orange**

Taille : **36**

Prix : **18,50 euros**

Mode de paiement : **chèque**

→ À vous !

Remarque générale pour les activités 1 à 4 (pp. 50 à 52) :

Il est nécessaire de rappeler régulièrement aux élèves que l'examen du DELF A1 Junior/Scolaire est anonyme. Ils ne doivent donc pas utiliser leur véritable identité lorsqu'ils remplissent le formulaire, premier exercice de production écrite à l'examen. Cela évitera ainsi que le correcteur puisse identifier le candidat, et garantira donc de sa part une plus grande objectivité lors de la correction.

Activité 1 → p. 50

Un chèque-cadeau est un bon d'achat d'une quantité variable d'euros, le plus souvent utilisable en une seule fois. Chèques-cadeaux et cartes-cadeaux permettent à leur bénéficiaire de choisir lui-même son cadeau dans une liste de magasins partenaires.

Activité 4 → p. 52

Faire prendre conscience aux élèves du type d'informations récurrentes dans ce type d'exercice :
- informations personnelles (identité, adresse, date de naissance…) ;
- questions sur les loisirs ;
- fréquence d'une activité ;
- jour et/ou horaire souhaité pour une activité ;
- etc.

Les questions sont généralement fermées et n'exigent pas la rédaction d'une phrase.

2 RÉDIGER UNE PETITE NOTE OU UNE CORRESPONDANCE

→ Repérage → p. 53

CORRIGÉ :

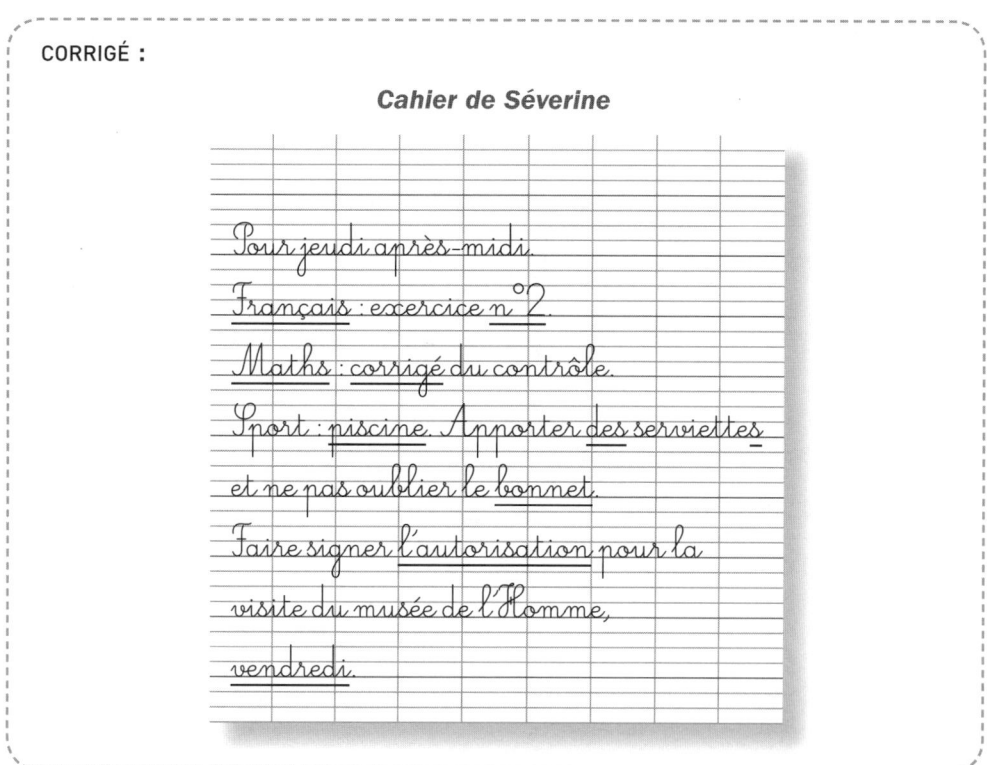

Cahier de Séverine

Pour jeudi après-midi.
Français : exercice n° 2.
Maths : corrigé du contrôle.
Sport : piscine. Apporter des serviettes
et ne pas oublier le bonnet.
Faire signer l'autorisation pour la
visite du musée de l'Homme,
vendredi.

→ **Activité guidée** → p. 53

Pour davantage d'informations sur la Fête de la Musique, se reporter au dossier socioculturel « Les fêtes et traditions » p. 110 du livre de l'élève.

→ **À vous !**

Activité 5 → p. 54

CORRIGÉ : 23 mots.

Activité 6 → p. 55

CORRIGÉ :

Document A : consigne 3.

Le 10 juillet

Chère Caro,
Je suis en vacances avec mes parents et ma petite soeur dans la région des lacs. C'est super, je fais des promenades à cheval et à vélo.
Je reviens dans une semaine.
Bisous
Éva

Document B : consigne 1.

De :	jeremie1@orange.fr
Date :	dimanche 7 juin
À :	mathiasp@hotmail.com
Objet :	Ton arrivée en France

Je suis content de te voir et de te faire visiter ma ville et la France. Je t'attends à la gare à 11 heures avec mon chien. Je suis blond, j'ai des lunettes et mon chien est tout petit, noir et blanc.
On va passer des vacances géniales !
À demain !
Ton copain français

Document C : consigne 4.

Géo :
Le climat : pages 35 à 40.
La population : pages 23 à 26.
Revoir exercices 4 - 5 - 8, page 27.
Apprendre résumé, page 30.
Apporter règle et crayons de couleur.

Document D : consigne 2.

Cher Jean-François,

C'est bientôt la nouvelle année et j'organise une fête. Tu es invité, bien sûr ! On va danser, on va chanter, on va bien s'amuser ! J'espère que tu vas pouvoir venir.
Je t'embrasse,
Sarah

Activité 7 → p. 56

Exemples d'actes de parole de niveau A1 adaptés à cette mise en situation :
- salutations : *salut, coucou, prénom du correspondant*, etc. ;
- santé : *je suis malade, j'ai mal à…, j'ai de la fièvre*, etc. ;
- lieu : *je suis/je vais chez le médecin/chez le dentiste/à l'hôpital/à la pharmacie/acheter des médicaments*, etc. ;
- retour : *je rentre/je reviens à … heures*, etc. ;
- formule de clôture : *à plus, à plus tard, à bientôt, à tout à l'heure, bises, bisous, salut*, etc.

Activité 8 → p. 56

Exemples d'actes de parole de niveau A1 adaptés à cette mise en situation :
- salutations : *salut, coucou, cher/chère* + prénom du correspondant, etc. ;
- présentation de la ville : *j'habite à…, c'est une grande/petite ville, cette ville est…, ma ville est…, il y a…*, etc. ;
- climat : *il fait beau/mauvais/chaud/froid, il y a de la pluie/des nuages/du soleil, la région est chaude/froide*, etc. ;
- formule de clôture : *à bientôt, au revoir, bises, bisous*, etc.

Activité 9 → p. 57

Exemples d'actes de parole de niveau A1 adaptés à cette mise en situation :
- salutations : *salut, coucou, cher/chère* + prénom du correspondant, etc. ;
- présentation de la famille : *nous sommes…, j'ai X frères et X sœurs, mon père/ma mère a … ans, mon petit/grand frère a … ans, ma petite/grande sœur est blonde/brune*, etc. ;
- description de la chambre : *tu vas dormir dans ma/la chambre de…, la chambre est petite/grande, il y a une télé/un ordinateur, on voit le jardin/l'église/la rue par la fenêtre*, etc. ;
- formule de clôture : *à bientôt, au revoir, bises, bisous*, etc.

Activité 10 → p. 57

En A1, on attend en production écrite de la correspondance amicale ; ce type de sujet ne peut donc pas apparaître tel quel dans un examen DELF. Il s'agit ici surtout d'un exercice de sensibilisation aux différents codes sociolinguistiques à utiliser selon les contextes de communication.

Exemples d'actes de parole de niveau A1 adaptés à cette mise en situation :
- salutations : *chers Monsieur et Madame Graindorge, Madame, Monsieur* ;
- présentation et description : *j'ai … ans, je suis petit/grand, maigre/gros, blond/brun, j'ai des lunettes, j'ai les yeux…, je pèse … kilos, je mesure … mètre*, etc. ;
- jour et heure d'arrivée : *j'arrive/mon train arrive à la gare dimanche à … heures, je viens lundi prochain à … heures*, etc. ;
- formule de clôture : *à bientôt, cordialement*, etc.

 **L'ENTRETIEN**

→ Repérage

Commençons... p. 61

> CORRIGÉ :
>
> Questions/réponses
>
> | a | b | c | d | e | f | g | h | i | j | k |
> |---|---|---|---|---|---|---|---|---|---|---|
> | 5 | 9 | 6 | 7 | 8 | 11 | 3 | 1 | 10 | 2 | 4 |

→ À vous !

Pour certaines des activités suivantes, nous vous proposons des exemples de production. Ces exemples ne sont là que pour vous indiquer ce que l'on est en droit d'attendre à un niveau A1. En aucun cas, ce ne sont des modèles.

Activité 1 → pp. 62-63

> CORRIGÉ :
>
> 1. **A** : Chloé va au collège en bus. Elle arrive à l'école à 8 h 15.
>
>   **B** : À 9 h, Chloé a cours de géographie.
>
>   **C** : À 10 h 30, Chloé fait du sport.
>
>   **D** : À 12 h 30, Chloé mange à la cantine.
>
>   **E** : À 13 h, Chloé étudie au CDI.
>
>   **F** : À 15 h, Chloé va en cours de physique.
>
>   **G** : À 16 h 30, les cours finissent. Chloé quitte l'école.
>
>   **H** : À 17 h, Chloé a un cours de danse.
>
>   **I** : À 19 h, Chloé fait ses devoirs dans sa chambre.

Activité 3 → p. 63

> CORRIGÉ :
>
> Exemple de production
>
> « Je m'appelle Paulina, j'ai 14 ans. J'habite à Lima au Pérou. J'ai trois sœurs et un frère. J'aime beaucoup me promener avec mes amies et aller au cinéma. Johnny Depp est mon acteur préféré. Tous les samedis, je fais du sport dans un club et ma spécialité est la gymnastique artistique. »

Activité 4 → p. 63

> CORRIGÉ :
>
> Exemple de production
>
> | Logement ? |
>
> – Tu habites où ?
>
> – Est-ce que tu habites dans une maison ?
>
> – Tu as un jardin ?
>
> – Ton appartement est à quel étage ?
>
> – Est-ce qu'il y a un ascenseur ?
>
> – Il y a combien de pièces ?
>
> – Elle est comment ta chambre ?
>
> – ...

Suggestions :

• **Activité ludique pour clore cet entraînement : le bombardement de questions.**

À partir des thèmes présentés dans cet exercice, faire préparer individuellement une liste de questions. Ensuite, former des groupes de 5 ou 6 apprenants et désigner à l'intérieur de ce groupe une personne qui sera « bombardée » de questions pendant 1 minute 30 secondes ; dans le groupe, une autre personne devra compter le nombre de questions posées et ayant obtenu une réponse. Le groupe gagnant sera celui qui aura posé le plus grand nombre de questions dans le temps imparti.

• **Activité de groupe**

Jeu à faire avec une balle :
- l'élève 1 prend la balle et l'envoie à l'élève 2 ;
- l'élève 1 pose une question personnelle à l'élève 2, qui doit répondre le plus rapidement possible ;
- l'élève 2 envoie ensuite la balle à un troisième élève et lui pose une question différente, et ainsi de suite.

2 L'ÉCHANGE D'INFORMATIONS

→ À vous !

Activité 5 → p. 66

> CORRIGÉ :
> 1. – Est-ce que tu as des animaux chez toi ?
> 2. – As-tu/Est-ce que tu as des frères et sœurs ?
> 3. – Comment s'appelle-t-elle ?/Quel est son prénom ?
> 4. – Est-ce que tu fais/Est-ce que tu pratiques un sport ?
> 5. – Combien de fois par semaine ?
> 6. – Aimes-tu/Est-ce que tu aimes la lecture ?
> 7. – Quelle est ton adresse ?/Où habites-tu ?
> 8. – À quelle école/À quel collège tu vas ?
> 9. – Tu es en quelle classe ?

Activité 6 → p. 66

> CORRIGÉ :
>
> **Exemples de production**
>
> | Couleur ? |
>
> – Quelle est ta couleur préférée ?
> – Est-ce que tu aimes les couleurs claires ou foncées ?
>
> | Manger ? |
>
> – Qu'est-ce que tu aimes manger ?
> – Aimes-tu les plats sucrés ?
> – Es-tu gourmand(e) ?
> – Quel est ton plat préféré ?

Activité 8 → p. 67

Suggestions :

Faire cette activité sous forme de concours entre les différents groupes : pour chaque mot-clé, le groupe qui a produit le plus de questions correctes marque un point ; à la fin, le groupe gagnant est celui qui a marqué le plus de points.

3 LE DIALOGUE SIMULÉ

Les dialogues proposés dans le livre de l'élève sont plus développés que ce qui est attendu en A1. Ils peuvent servir ainsi de support à des observations et rappels de la part de l'enseignant.

→ À vous !

Activité 10 → p. 70

CORRIGÉ :

g. – Bonjour, je voudrais une place, s'il vous plaît.
f. – Pour quel film ?
a. – *Safari.*
i. – La séance est commencée depuis 15 minutes et c'est complet.
h. – C'est complet ? À quelle heure est la suivante ?
j. – Dans 2 heures.
b. – Bon, je prends une place. C'est combien ?
c. – Avec la réduction moins de 25 ans, c'est 5 euros.
e. – Voilà 5 euros.
d. – Merci. À tout à l'heure.

Activité 11 → p. 71

CORRIGÉ :

A	B	C
3	1	2

Activité 12 → p. 72

CORRIGÉ :

Exemple de production :

– Bonjour monsieur.
– Bonjour, je peux vous aider ?
– Oui, je voudrais une carte postale avec une enveloppe et un timbre.
– C'est pour envoyer à l'étranger ?
– Non, c'est pour la France. Et aussi, combien coûte le stylo bille vert ?
– 1 euro 20.
– Bon, je le prends.
– C'est tout ? Je fais le total ?
– Oui, merci.
– Ça fait 3 euros 76.
– ....

Activité 13 → p. 72

CORRIGÉ :

Exemple de production :

– Bonjour, vous avez choisi ?
– Je voudrais un chocolat.
– Un grand ou un petit ?
– Un grand, et qu'est-ce que c'est « autres pâtisseries » ?
– Vous avez des crêpes, des choux à la crème et des gâteaux au chocolat.
– Merci, mais je vais prendre une tarte aux pommes.
– Entendu, un grand chocolat et une tarte aux pommes.

Le but de ces dossiers socioculturels est de donner aux élèves, de manière ludique, quelques informations concrètes sur la France actuelle, sur des sujets susceptibles de les intéresser. Une exploitation de ces dossiers est proposée sous la forme de quiz et autres activités ludiques, mais ils se prêteront aussi très bien à une comparaison interculturelle, même si elle est faite en partie en langue maternelle.

La présentation sous forme de jeu de l'oie de ce parcours en France à travers les dossiers est à la fois un rappel et une illustration de l'activité 7 p. 33 du CE. Une véritable partie de jeu de l'oie pourrait être envisagée en conclusion du travail sur les dossiers.

La famille

À VOUS DE JOUER ! → p. 78

	Vrai	Faux
1. Les démographes étudient la population.	X	
2. La famille type française compte trois enfants.		X
3. Une petite Française née en 2008 a une espérance de vie de 84 ans.	X	
4. Un couple mixte est constitué de deux Français.		X
5. L'âge moyen des Françaises pour avoir leur 1er enfant est de 28 ans.		X
6. L'officier d'état civil choisit le prénom des enfants.		X
7. On peut être célibataire et, en même temps, avoir un petit copain ou une petite copine.	X	
8. En France, on est majeur à 18 ans.	X	
9. Il y a les deux parents dans une famille monoparentale.		X
10. Il y a plus d'un million de familles recomposées en France.		X

Les animaux de compagnie

En fonction de l'âge et de l'intérêt du groupe, on pourra revoir le vocabulaire des animaux domestiques (mots croisés, devinettes, dessins…) en parallèle à ce dossier.

À VOUS DE JOUER ! → p. 82

	Vrai	Faux
1. La SPA est une émission de télévision sur les animaux.		X
2. En France, les chats sont plus nombreux que les chiens.	X	
3. L'animal préféré des jeunes français est le lapin.		X
4. Le poisson rouge a besoin d'un grand aquarium.	X	
5. NAC est le nom d'une nouvelle variété d'oiseau.		X

La nourriture

À VOUS DE JOUER ! → p. 85

 La carte de France

> CORRIGÉ :
> - La salade niçoise dans le Sud-Est (la région Provence-Alpes-Côte d'Azur).
> - Le poulet basquaise dans le Sud-Ouest (la région Aquitaine).
> - Le camembert dans le Nord-Ouest (la région Basse-Normandie).
> - Le roquefort dans le Sud-Ouest (la région Auvergne).
> - Le chabichou dans le Centre-Ouest (la région Poitou-Charentes).
> - Le munster dans l'Est (la région Alsace-Lorraine).
> - Le far breton dans l'Ouest (La Bretagne).

	Vrai	Faux
1. Les repas en France comportent toujours 5 plats, de l'entrée au dessert.		X
2. Les confiseries sont des bonbons sucrés.	X	
3. Il y a 265 types de fromages en France.	X	
4. Le couscous est un plat traditionnel français.		X
5. *Grignoter*, c'est manger entre deux repas.	X	
6. Les restaurants rapides sont interdits en France.		X
7. Les plats allégés ont moins de graisse que les plats préparés ordinaires.	X	
8. En France, 44 % des hommes aident à faire la cuisine.	X	

L'école

À VOUS DE JOUER ! → p. 94

Personnes	Vrai	Faux
1. Le délégué de classe représente tous les élèves de son groupe.	X	
2. Le conseiller d'orientation vous inscrit à l'université.		X
3. En France, il y a des classes pour les filles et d'autres classes pour les garçons.		X
4. Le pion est un surveillant.	X	
5. Le proviseur est le chef du collège.		X

Système scolaire	Vrai	Faux
1. Le lycée comporte quatre années de scolarité.		X
2. L'école maternelle est obligatoire.		X
3. Normalement, à 6 ans, on va à l'école primaire.	X	
4. Le collège commence avec la classe de première.		X
5. La terminale est la dernière année du lycée.	X	

Spécificité de l'enseignement secondaire	Vrai	Faux
1. Il faut avoir au moins 12 sur 20 pour réussir un examen en France.		X
2. Le sport est une matière obligatoire.	X	
3. Il y a école le samedi après-midi en France.		X
4. En France, l'école est obligatoire jusqu'à 18 ans.		X
5. Il y a un conseil de classe par mois.		X

Lieux	Vrai	Faux
1. Les élèves français peuvent manger à l'école s'ils le souhaitent.	X	
2. Vous pouvez écouter de la musique pendant la récréation.	X	
3. Tous les collèges et lycées français ont un internat.		X
4. Vous pouvez acheter des livres au CDI.		X
5. Vous allez dans la salle d'étude quand vous n'avez pas cours.	X	

Les métiers

Nous avons choisi de représenter les différents métiers sous forme de cartes illustrées, comme tirées du jeu des sept familles. Ceci est à la fois un rappel et une seconde illustration de l'activité 8 p. 34 du CE. Une véritable partie de jeu des sept familles pourrait être envisagée en conclusion du travail sur ce dossier (avec des familles de métiers, comme proposé ici, ou à partir de toute autre sorte de lexique utile en A1 : fruits et légumes, école, alimentation, fêtes…).

À VOUS DE JOUER ! → pp. 98-99

QUIZ

Garde du littoral	Vrai	Faux
1. Pour faire ce métier, il faut être en bonne santé.	X	
2. Pour faire ce métier, il faut vouloir protéger la nature.	X	
3. Le garde-pêche pêche les poissons dans la mer.		X
4. Le garde-chasse aide les chasseurs qui font du braconnage.		X
5. Le salaire du débutant est en dessous de 1 100 €.		X

? Qui fait quoi ?

CORRIGÉ :

1	2	3	4	5	6	7
g	a	e	f	b	c	d

QUIZ

Costumier	Vrai	Faux
1. Il imagine et fabrique des costumes.	X	
2. Les costumes sont vendus dans les grands magasins.		X
3. Il fait des costumes pour les artistes.	X	

La vie politique

À VOUS DE JOUER ! → p. 102

 Qui est où ?

CORRIGÉ :

1	2	3	4
c	d	a	b

Les modes de déplacement

À VOUS DE JOUER ! → p. 105

 Ils y vont comment ?

CORRIGÉ :

1. son skate. - **2.** ses rollers. - **3.** son scooter / à bicyclette. - **4.** le bus / à pied.

QUIZ

	Vrai	Faux
1. Les jeunes se déplacent beaucoup à pied dans les villes.	X	
2. Le moyen de transport le plus utilisé pour aller à l'école est la trottinette.		X
3. Il faut faire très attention quand on roule à bicyclette en ville.	X	
4. Les parents sont inquiets quand leurs enfants se déplacent en scooter.	X	
5. Les autocars et autobus ne sont pas utilisés à la campagne.		X

Les loisirs

En fonction de l'âge et de l'intérêt du groupe, on pourra revoir le vocabulaire des animaux (mots croisés, devinettes, dessins...) en parallèle au texte sur les parcs animaliers.

À VOUS DE JOUER ! → p. 108

QUIZ

	Vrai	Faux
1. Il y a 70 parcs de loisirs en France.		X
2. Tous les parcs de loisirs français sont en région parisienne.		X
3. Les attractions à sensations fortes sont des manèges lents et tranquilles.		X
4. À *Vulcania*, vous pouvez apprendre comment les volcans fonctionnent.	X	
5. Il y a des parcs de loisirs consacrés à l'histoire.	X	
6. À *France-Miniature*, vous pouvez voir en même temps la tour Eiffel et le Mont-Saint-Michel.	X	
7. Dans les parcs aquatiques, vous pouvez nager avec les dauphins.		X
8. Il existe des zoos qui se visitent seulement en voiture.	X	
9. Dans les parcours d'aventures en forêt, personne n'aide les visiteurs à faire les activités.		X
10. Certains parcs de loisirs sont en forme de labyrinthe.	X	

Les fêtes et traditions

À VOUS DE JOUER ! → p. 111

? Pays et drapeaux

CORRIGÉ :

1	2	3	4	5	6	7
e	f	a	g	b	c	d

Les vacances

À VOUS DE JOUER ! → p. 115

QUIZ

	Vrai	Faux
1. La majorité des Français part en vacances à l'étranger.		X
2. La montagne est la destination préférée des Français.		X
3. Les jeunes voyagent beaucoup pendant l'été.	X	
4. La voiture est le moyen de transport le plus utilisé pendant les vacances.	X	
5. Le camping est un moyen d'hébergement gratuit.		X

? Cherchez l'erreur

CORRIGÉ :

1. Vacances – repos – voyages – ~~travail~~ – tourisme.

2. Hôtel – ~~camping~~ – chambre – réception – salle de bains.

3. Retraité – grand-père – senior – aîné – ~~junior~~.

4. Mer – ~~altitude~~ – sable – vagues – parasol.

5. Avion – voiture – ~~lecture~~ – vélo – train.

Compréhension de l'oral

25 points

■ EXERCICE 1 → p. 119

4 points

TRANSCRIPTIONS

Que font les jeunes après l'école ? Selon un sondage chez les 15-17 ans, 55 % regardent la télévision, et 40 % vont sur Internet. Mais chez les plus petits, entre 10 et 12 ans, le plus important, c'est le goûter et après... au travail !

CORRIGÉ :

1. 55 % des jeunes regardent la télévision après l'école. *(2 points)*
2. Les 10-12 ans font leurs devoirs. *(2 points)*

■ EXERCICE 2 → p. 119

5 points

TRANSCRIPTIONS

Allô. C'est Bastien. Tu es où ? Moi, je suis au café des Trois Moulins jusqu'à deux heures. Tu viens me retrouver ? Rappelle-moi si tu as un problème. Je te redonne mon numéro de portable : 06 79 42 37 04. À plus tard !

CORRIGÉ :

1. au café des Trois Moulins. *(2 points)*
2. jusqu'à 2 heures. *(1 point)*
3. 06 79 42 37 04. *(2 points)*

■ EXERCICE 3 → p. 120

6 points

TRANSCRIPTIONS

– Eh, Abdel, tu vas où si vite ?
– Au magasin de sport, je vais chercher mes nouvelles chaussures de foot. Je me dépêche, le magasin ferme à 18 h 30.
– Oh super ! Allez viens, je t'emmène en moto, ça ira plus vite.

CORRIGÉ :

1. Abdel va chercher ses chaussures : image 1. *(2 points)*
2. À 18 h 30. *(2 points)*
3. En moto (image 3). *(2 points)*

■ EXERCICE 4 → p. 120

(10 points)

TRANSCRIPTIONS

Situation n° 1 :
– Allô. Bonjour, c'est Nathalie. Carine est là, s'il vous plaît ?... D'accord, merci. Je rappelle plus tard. Oui, oui, ce soir.

Situation n° 2 :
– Vous prenez ces livres ?
– Oui, je prends ces deux-là. Et je voudrais aussi cette carte d'anniversaire.
– Très bien. Ça fait 18,60 euros.

Situation n° 3 :
– Excusez-moi. La gare, s'il vous plaît, c'est par où ?
– La gare ? Alors, c'est simple, c'est toujours tout droit.
– C'est loin ?

– Oh, il faut compter un quart d'heure de marche environ.
– Ah ! Merci madame.

Situation n° 4 :
– Sens ce parfum.
– Humm. Il sent bon la vanille.
– Oui. Et la bouteille est jolie !
– Ce cadeau va plaire à ta mère.

Situation n° 5 :
– Une place pour *Le mystère du manoir,* s'il vous plaît.
– Quel âge as-tu ?
– 15 ans.
– Alors tu ne peux pas entrer. Ce film est interdit aux moins de 16 ans.

CORRIGÉ :

Situation 1 : Que doit faire Nathalie ? → Rappeler plus tard. - **Situation 2** : Ça se passe où ? → Dans une librairie. - **Situation 3** : Qu'est-ce qu'on demande ? → Le chemin. - **Situation 4** : On parle de quoi ? → D'un parfum. - **Situation 5** : Ça se passe où ? → Au cinéma. *(2 points par situation)*

② Compréhension des écrits

(25 points)

■ EXERCICE 1 → p. 121

(6 points)

CORRIGÉ :

1. Elle est malade. *(2 points)* - **2.** Le cours de maths : image 2. *(2 points)* - **3.** Dimanche. *(2 points)*

■ EXERCICE 2 → p. 122

(6 points)

CORRIGÉ :

1. Ce document est une recette de cuisine. *(2 points)* -
2. Quatre personnes. *(2 points)* - **3.** Dans une cuisine. *(2 points)*

■ EXERCICE 3 → p. 123

(6 points)

CORRIGÉ :

1. La plongée. *(2 points)* - **2.** À 21 h. *(2 points)* - **3.** 3,05 €. *(2 points)*

■ EXERCICE 4 → p. 124

(7 points)

CORRIGÉ :

1. Téléphoner / S'inscrire sur Internet. *(4 points)* - **2.** Les adolescents. *(1 point)* - **3.** 84 €. *(2 points)*

Production écrite 25 points

■ EXERCICE 1 → p. 125 (10 points)

Un point par rubrique (on ne tiendra pas compte ici de l'orthographe, sauf si celle-ci gêne réellement la compréhension des informations données).

■ EXERCICE 2 → p. 126 (15 points)

NB : la mention de l'objet est facultative.

Grille d'évaluation

Respect de la consigne Peut mettre en adéquation sa production avec la situation proposée. Peut respecter la consigne de longueur minimale indiquée.	0	0.5	1	1.5	2				
Correction sociolinguistique Peut utiliser les formes les plus élémentaires de l'accueil et de la prise de congé. Peut choisir un registre de langue adapté au destinataire (*tu/vous*).	0	0.5	1	1.5	2				
Capacité à informer et/ou à décrire Peut écrire des phrases et des expressions simples sur soi-même et ses activités.	0	0.5	1	1.5	2	2.5	3	3.5	4
Lexique/orthographe lexicale Peut utiliser un répertoire élémentaire de mots et d'expressions relatifs à sa situation personnelle. Peut orthographier quelques mots du répertoire élémentaire.	0	0.5	1	1.5	2	2.5	3		
Morphosyntaxe/orthographe grammaticale Peut utiliser avec un contrôle limité des structures, des formes grammaticales simples appartenant à un répertoire mémorisé.	0	0.5	1	1.5	2	2.5	3		
Cohérence et cohésion Peut relier les mots avec des connecteurs très élémentaires tels que *et, alors*.	0	0.5	1						

Production orale

Consignes

→ *Déroulement de l'épreuve* : Indiquer très clairement au candidat les trois parties de l'examen. Lui donner les cartes sur lesquelles figurent les mots-clés pour la 2e partie de l'épreuve et les photos des produits alimentaires ainsi que les billets et les pièces de monnaie. Les 10 minutes de préparation dont dispose le candidat avant l'épreuve sont destinées à lui permettre de se préparer aux parties 2 et 3.

→ *Durée totale de passation de l'épreuve* : 5 à 7 minutes.

■ ENTRETIEN DIRIGÉ [1re PARTIE] - *1 minute environ*

→ *Objectifs* : *se présenter, parler de soi.*
Les questions posées très lentement au candidat lui permettent de parler de lui-même, de sa famille, de ses goûts et de ses activités... Si le candidat ne comprend pas, l'examinateur doit reformuler la question.

Exemples de questions :

– *Vous vous appelez comment ?*
– *Votre nom, comment ça s'écrit ?*
– *Parlez-moi de votre famille. Vous avez des frères et sœurs ?*
  Ils habitent où ? Qu'est-ce qu'ils font ?
– *Parlez-moi de votre pays. Il est comment ?*
  Quels sont les pays autour ? On y parle quelle(s) langue(s) ?
– *Quelle est votre nationalité ?*
– *Quelle est votre ville d'origine ? Vous êtes né(e) où ?*
– *Quel est votre âge ?*
– *Décrivez votre appartement/votre maison/votre rue/votre quartier/votre ville.*
– *Dans quelle classe êtes-vous ? Quelles matières étudiez-vous ?*
  Quelles matières sont très importantes pour vous cette année ?
– *Où est votre école ? Est-elle loin de chez vous ?*
  Quel moyen de transport utilisez-vous pour y aller ?
– *Décrivez une journée habituelle. Vous vous levez à quelle heure ?*
– *Qu'est-ce que vous mangez au petit déjeuner ? Vous rentrez à quelle heure ?*
  Quand faites-vous vos devoirs ? Qu'est-ce que vous faites le soir ?
– *Vous habitez loin d'ici ?*
– *Qu'est-ce que vous faites le week-end ?*
– *Vous aimez le sport ? Quel sport est-ce que vous faites ?*
– *Vous regardez la télévision ? Quelle sorte de programmes aimez-vous ?*
– *Qu'est-ce que vous aimez faire en général ?*
– *Est-ce que vous avez des animaux ?*

Ou toute autre question que les réponses du candidat peuvent provoquer.

■ ÉCHANGE D'INFORMATIONS [2e PARTIE] - *2 minutes environ*

→ *Objectif* : *poser des questions.*
Le candidat pose des questions à partir des mots-clés figurant sur les cartes qui lui ont été remises.
Il appartient au jury de déterminer le nombre de questions que le candidat posera.

3 DIALOGUE SIMULÉ OU JEU DE RÔLE [3e PARTIE] - *2 minutes environ*

→ *Objectif* : obtenir des biens et des services.
Le candidat est le client et vous jouez le rôle du vendeur. En interaction avec vous, le candidat doit demander un ou plusieurs produits et/ou services parmi ceux présentés sous forme d'images, la quantité, le prix et d'autres informations éventuelles, puis il paie. Si le candidat ne vous comprend pas, vous reformulez en parlant plus lentement.

Vous pouvez utiliser les images données pages suivantes (pp. 42 à 47), ou d'autres images de votre choix à condition qu'elles soient claires et qu'elles aient trait à la vie quotidienne.

Grille d'évaluation

1re partie - Entretien dirigé

Peut se présenter et parler de soi en répondant à des questions personnelles simples, lentement et clairement formulées.	0	0,5	1	1,5	2	2.5	3	3,5	4	4,5	5

2e partie - Échange d'informations

Peut poser des questions personnelles simples sur des sujets familiers et concrets et manifester le cas échéant qu'il/elle a compris la réponse.	0	0,5	1	1,5	2	2,5	3	3,5	4

3e partie - Dialogue simulé

Peut demander ou donner quelque chose à quelqu'un, comprendre ou donner des instructions simples sur des sujets concrets de la vie quotidienne.	0	0,5	1	1,5	2	2,5	3	3,5	4
Peut établir un contact social de base en utilisant les formes de politesse les plus élémentaires.	0	0,5	1	1,5	2	2,5	3		

Pour l'ensemble des 3 parties de l'épreuve

Lexique (étendue)/correction lexicale Peut utiliser un répertoire élémentaire de mots et d'expressions isolés relatifs à des situations concrètes.	0	0,5	1	1,5	2	2,5	3
Morphosyntaxe/correction grammaticale Peut utiliser de façon limitée des structures très simples.	0	0,5	1	1,5	2	2,5	3
Maîtrise du système phonologique Peut prononcer de manière compréhensible un répertoire limité d'expressions mémorisées.	0	0,5	1	1,5	2	2,5	3

NOTE SUR 25 : ....   **TOTAL :** ....

Profession ?

Professeur ?

Journal ?

Volley-ball ?

Musique ?

Sorties ?

Plat préféré?

Téléphone ?

Nationalité ?

Amis ?

Famille ?

Moto ?

Café ?

Vacances ?

Gare ?

Chaud ?

Au magasin de ski

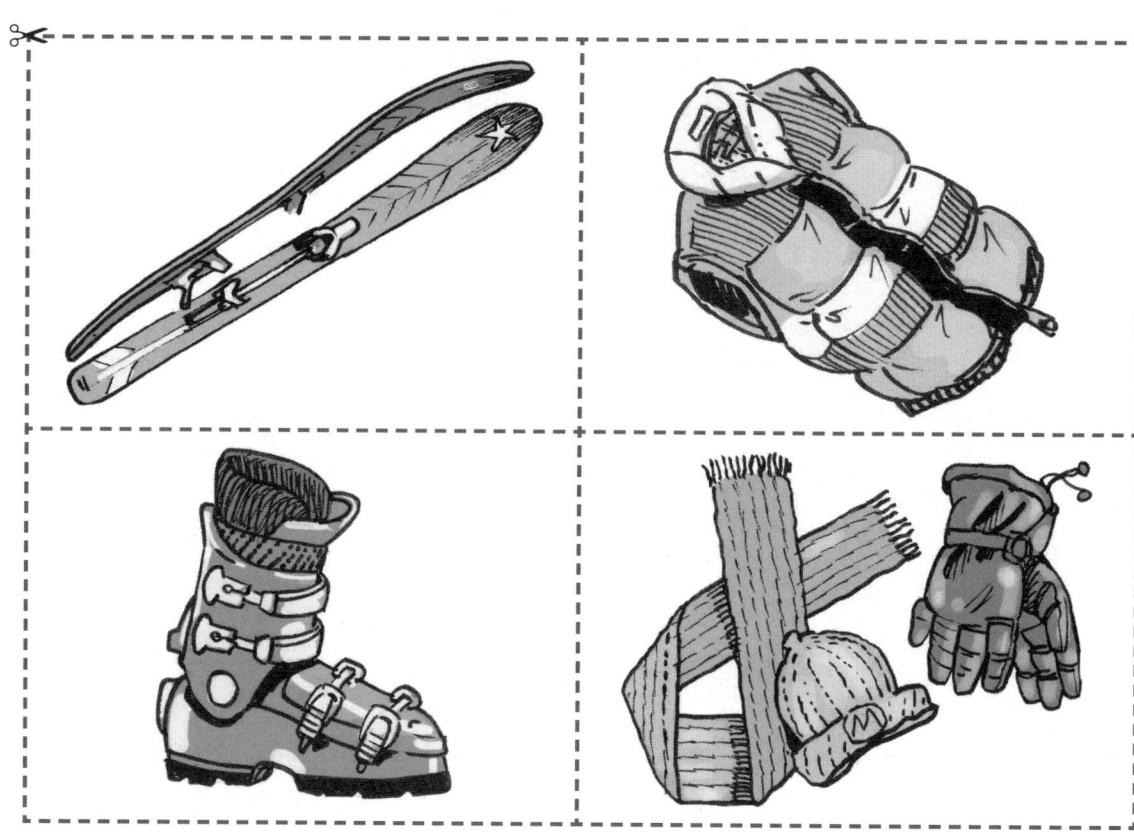

À la bibliothèque

Au camping

À la piscine

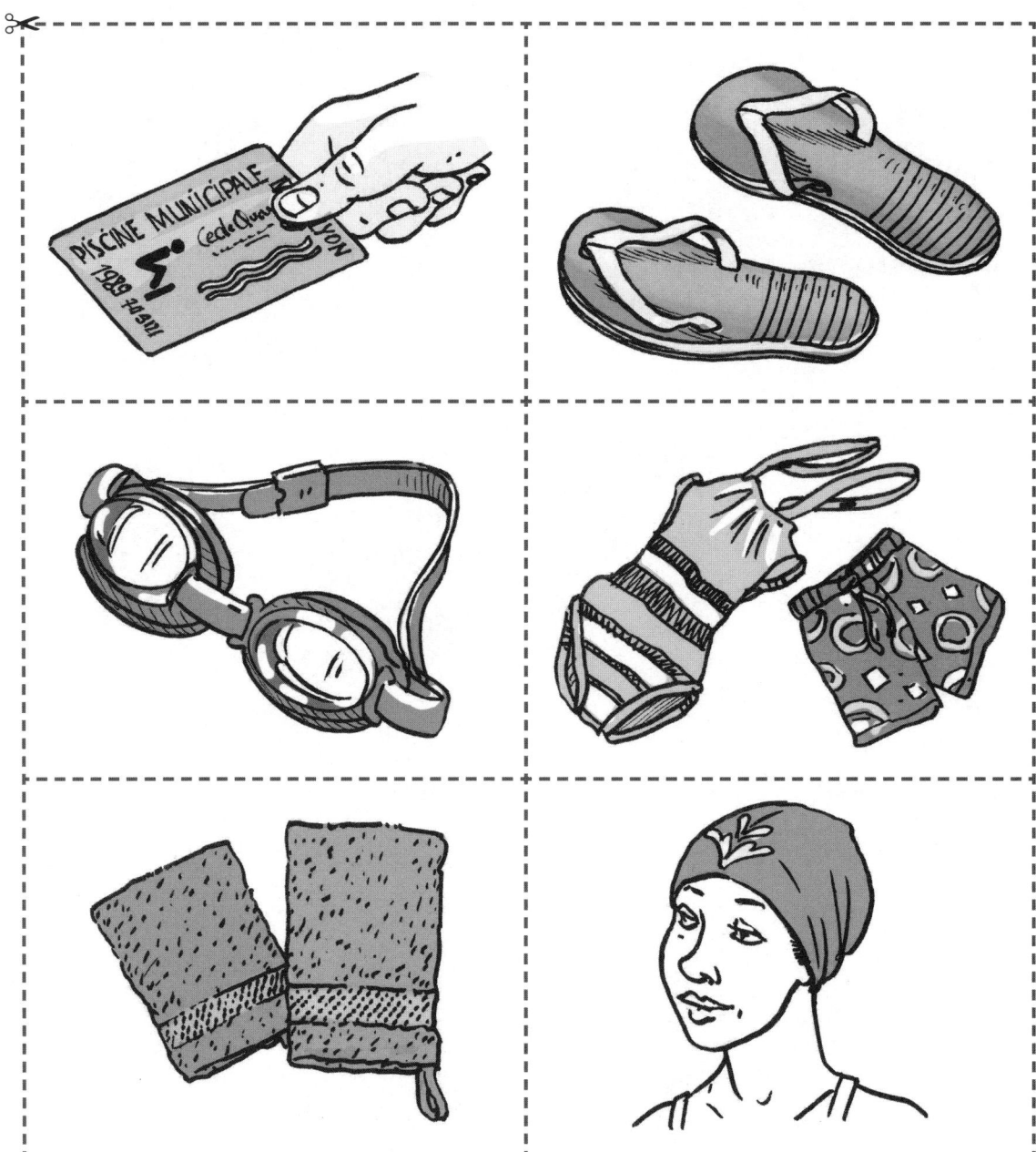

Au cinéma

À la boulangerie

Achevé d'imprimer en janvier 2010 par l'imprimerie CLERC

Dépôt légal : 6439/01